Poemas Zodiacales

Oda estelar

Olaf Serra

Título original:

Poemas Zodiacales

“

Cuarenta y tres poemas dedicados a cada uno de los signos del zodiaco y a las constelaciones. Pura oda estelar.

Es una obra poética que invita a reflexionar sobre la relación de los seres humanos con el universo y nuestra dependencia de los astros. Los poemas son un canto a la belleza, a la ciencia y a la magia de la astronomía.

Contenido

1.
Zodíaco: **Acuario**

21/01 - 19/02

En el firmamento brillante,
donde la luna luce como diamante,
surge Acuario con su brillo singular,
portando la luz de la libertad sin igual.

Es su símbolo el portador de agua,
que simboliza la purificación de su alma,
y su brillo intenso es como una llama
que guía a los demás hacia una nueva calma.

La energía única que posee Acuario,
le permite volar libre a su propio mercurio,
buscando siempre nuevas formas de renovarse,

en cada nueva aventura que decida emprender.

Su claridad mental lo hace diferente,
y cada nueva idea que surge de su mente
es una luz brillante que ilumina el camino
hacia una vida más plena y sin destino.

Acuario es un maestro de la tecnología,
y siempre está dispuesto a desafiar la lógica,
buscando nuevas maneras de innovar,
para que el mundo pueda avanzar.

Este signo tiene un don especial,
que es el de empatizar con todo el mundo
alrededor,
y el de sentir la necesidad de crear un cambio,
para que el mundo sea un lugar mejor.

Deslumbrando siempre con su inteligencia e
ingenio,
Acuario nos lleva por un camino lleno de
aventuras,
y nos enseña a amar la libertad sin ningún
temor,

con una valentía que nunca se muestra sin pudor.

Así es el signo de Acuario en todo su esplendor,
un ser lleno de luz y amor,
que vive para cambiar el destino del mundo,
y dejar su huella con una impronta profunda.

◇ ◇ ◇

2. Zodíaco: **Piscis**

20/02 - 20/03

Piscis, la energía que fluye en el mar,
con su brillo fuerte que no para de brillar,
con su coraje infinito, que parece no tener fin,
un signo especial que es difícil de definir.

Piscis representa el mar y todo su esplendor,
su fuerza imparable que no tiene temor,
y su belleza única que nos deja sin aliento,
una muestra increíble de un maravilloso talento.

Este signo es un poeta por naturaleza,

que se deleita en emociones y en destreza,
en un universo etéreo que no todos pueden ver,
un mundo de sueños que espera poder
comprender.

Piscis es un ser lleno de amor y bondad,
que irradia luz con gran pasión y tenacidad,
siempre ayudando a aquellos que necesitan de
su amor,
un corazón amable que sabe dar lo mejor.

La sensibilidad es una de sus grandes
cualidades,
que le permiten sentir del mundo todas las
verdades,
y plasmarlos en poesía y en canciones de gran
belleza,
mostrando al mundo su asombrosa destreza.

Este signo tiene la capacidad de conectar con lo
divino,
y llegar a un estado de paz en lo más interno de
su ser,

y con su gran amor y su luz potente,
enciende el mundo con emociones intensas y ardientes.

Piscis no es sólo un signo del zodiaco,
es un ser lleno de amor, coraje y destreza,
una muestra perfecta de la belleza y la pasión
que sólo se pueden encontrar en un maravilloso corazón.

◇ ◇ ◇

3.
Zodíaco: **Aries**

21/03 - 19/04

Hay un signo en el zodiaco
que brilla con luz propia,
un fuego que nunca se apaga
y una fuerza que aún se asombra.

Es Aries, el primer signo,
una llama que nunca se extingue,
con la pasión que lo anima
y la fuerza que lo distingue.

Es un guerrero indomable,
un luchador incansable,

que avanza sin pausa ni freno
en busca de lo inalcanzable.

Aries lleva la energía
de quien no teme al peligro,
y se arroja en el abismo
con el alma en el estribo.

Es un signo aventurero,
que persigue sus metas con fuerza,
con los ojos fijos en el horizonte
y la mente en la empresa.

Aries no conoce el miedo,
ni teme enfrentar la vida,
porque sabe que su valor
lo llevará a la cima.

Es un signo valiente y fuerte,
con el coraje en el pecho,
dispuesto a luchar con su espada
hasta conquistar su derecho.

Y aunque a veces el camino

sea intrincado y doloroso,
Aries avanza sin desmayo
con la firmeza de un coloso.

Es un signo desafiante,
que busca la gloria y el éxito,
y traza su propio destino
con la fuerza de su decreto.

Aries es fuego y pasión,
valentía y determinación,
un signo que siempre sabe
enfrentar la situación.

Y es por eso que todos los demás
miran con admiración
a este signo tan valiente
que se alza con convicción.

Aries es la llama eterna,
el fuego que nunca se apaga,
y su espíritu aventurero
siempre será fuente de gala.

Porque cuando Aries se propone algo,
nada ni nadie le detiene,
y su coraje y su tenacidad
siempre lo llevan a la cima de festejo.

◇ ◇ ◇

4. Zodíaco: Tauro

20/04 - 20/05

Hay un signo en el zodiaco,
de la tierra el representante,
con la fuerza de un toro bravo,
y la pasión en su semblante.

Es Tauro, un signo que destaca,
por su paciencia y prudencia,
por su determinación implacable,
y por su elegancia y consistencia.

Es un signo regido por Venus,
que le otorga la belleza y el amor,

y lo convierte en un ser romántico,
de sentimientos profundos y fervor.

Tauro es fiel y leal como pocos,
un amigo que nunca falla,
un amante que se entrega por completo,
y una familia que siempre valora.

Es un signo que busca la estabilidad,
en todo lo que hace y en su entorno,
y por eso su tranquilidad es legendaria,
y su serenidad no tiene melancolía.

Tauro se mueve con parsimonia,
pero su paso es firme y seguro,
porque sabe que solo la constancia,
lo llevará a la cima de su aventura.

Es un signo que ama la belleza,
en todas sus formas y expresiones,
y que sabe disfrutar del placer,
en cada sentido y sensación.

Tauro es un signo de la tierra,

que cultiva y cuida la naturaleza,
y que se siente en armonía con ella,
en su contacto con la madre tierra.

Es un signo que busca la seguridad,
en lo material y en lo emocional,
y que siempre trabaja con esfuerzo,
para construir su propio reto social.

Pero a veces Tauro puede ser terco,
y aferrarse a lo que conoce,
olvidando las oportunidades,
que la vida le pone en su bandeja de alimentos.

Porque Tauro, aunque muy leal,
a veces tiene miedo a cambiar,
y puede perder grandes oportunidades,
por temor a lo desconocido de una manera
particular.

Pero cuando Tauro se enfoca,
en lo que realmente lo apasiona,
nada ni nadie puede detenerlo,
y logra triunfar con su determinación.

Y es por eso que todos los demás,
admiran a Tauro por su fortaleza,
por su serenidad y su practicidad,
y por ser un amigo leal en toda adversidad.

Es Tauro, el signo de la tierra,
que cultiva su jardín con esmero,
que abraza a sus seres queridos,
y que lucha por sus sueños hasta el fin en pleno.

◇ ◇ ◇

5.
Zodíaco: **Géminis**

21/05 - 20/06

Géminis es el signo intrépido
que busca siempre algo nuevo,
con la mente en constante ir y venir
y el corazón tan libre como el viento.

Nacido bajo el influjo de Mercurio,
Géminis es un ser de dualidad,
con un lado luminoso y otro oscuro
que lo hacen aún más fascinante.

Es un maestro del diálogo
y el arte de la comunicación,

pues puede amoldarse a cualquier situación
y hacer de las palabras su arma más poderosa.

Su mente es un laberinto sin fin,
con ideas e inspiraciones que brotan sin cesar,
y en su corazón hay un espacio para todos,
amigos, amantes y aquellos que llegan para
enseñar.

Géminis, eres el gran aventurero
que busca el conocimiento en cada rincón,
y aunque a veces te cueste decidir
siempre acabas siguiendo tu propia intuición.

Tu espíritu es libre como el viento,
y tu curiosidad no tiene límite,
por eso siempre estarás en la búsqueda
de nuevas experiencias para engrandecer tu
existir.

Eres un signo de dualidad
y siempre tienes algo nuevo que ofrecer,
así que deja que tu mente vuele alto
y que tu corazón nunca deje de latir.

Géminis, eres el signo del cambio
y de la versatilidad sin igual,
y aunque en ocasiones parezcas inconstante
nunca dejarás de sorprender y emocionar.

Así que sigue adelante, Géminis,
no te detengas nunca en tu andar,
pues el mundo necesita de tu energía
y de la magia que sólo tú puedes crear.

◇ ◇ ◇

6. Zodíaco: **Cáncer**

21/06 - 22/07

Cáncer es el signo de la luna,
que nos muestra su lado más tierno,
sus ojos son como un mar de amor
que nos abrazan con un abrazo eterno.

Es el signo de la familia
y de todo lo que significa hogar,
y siempre nos recuerda que la vida
se construye con amor y afecto familiar.

Nacido entre el 21 de junio y el 22 de julio,
Cáncer es un signo tan especial,

con una sensibilidad y empatía sin igual
que lo hacen un ser lleno de amor sobrenatural.

Es un signo que sabe escuchar
y que comprende el dolor de los demás,
y su corazón siempre está listo
para brindar apoyo y arropar con amor y paz.

Cáncer es como una madre para todos,
un ser que te abraza con sus brazos abiertos,
y te hace sentir como si todo fuera posible
tan sólo con su amor inmenso y maravilloso.

Es el signo de la nostalgia
y de los recuerdos más memorables,
el que nos hace reflexionar sobre la vida
y sentir que siempre hay algo más allá.

Cáncer, eres un ser tan fuerte
que has aprendido a sonreír a pesar del dolor,
y tu corazón siempre está abierto
para compartir amor y comprensión.

Y aunque a veces pareces indefenso

por lo profundo de tus sentimientos,
eres tan valiente y luchador
que siempre acabas levantándote con ardor.

Así que sigue adelante, Cáncer,
y no te detengas nunca en tu andar,
pues el mundo necesita de tu energía
y de la magia que sólo tú puedes brindar.

◇ ◇ ◇

7.
Zodíaco: Leo

23/07 - 22/08

Leo es el signo del fuego
que quema con intensidad,
un ser que brilla con su propia luz
y con su carisma y personalidad.

Nacido del 23 de julio al 22 de agosto,
Leo posee una gran pasión
y un ego tan grande como él mismo,
que lo hace un ser único y sin paragón.

Es el rey de la selva zodiacal
y su león lo simboliza,

con su melena de oro y su rugido potente
que impone respeto en cada esquina.

Leo es un signo poderoso,
que siempre busca resaltar,
pues su confianza y autoestima son tales
que es difícil no admirar.

Es un ser lleno de energía y vida,
que inspira a todos los que se acercan a él,
y en su corazón hay un amor tan grande
que siempre está dispuesto a compartir con los
demás sin igual.

Leo, eres un amigo verdadero,
siempre dispuesto a ayudar,
y aunque a veces te cueste pedir perdón
tu lealtad nunca se hace desvanecer.

Tu personalidad es magnética
y tu carisma y energía atraen a la gente,
pues tu confianza y valentía son contagiosas
y hacen que cualquiera se sienta valiente.

Eres la llama que ilumina nuestra existencia,
un signo que irradia amor y calidez,
y aunque a veces te entregues a la arrogancia
tu corazón sigue siendo el centro de tu
grandeza.

Así que sigue adelante, Leo,
no permitas que tu luz se apague jamás,
pues el mundo necesita de tu energía
y de la magia que sólo tú puedes brindar.

◇ ◇ ◇

8.
Zodíaco: Virgo

23/08 - 22/09

Hay un signo en el zodiaco
que brilla con luz propia,
con la sapiencia que lo distingue,
y una perfección que siempre proclama.

Es Virgo, el signo de la tierra,
donde la serenidad es su mejor arma,
y la organización algo que siempre lleva.
En su corazón no hay lugar para el drama.

Es un signo meticuloso y cuidadoso,
que analiza todo con detenimiento,

no deja nada al azar,
y es preciso en todo momento.

Virgo no busca la gloria ni el éxito,
sino que prefiere la humildad,
vive enfocado en el trabajo diario,
y en el servicio a la honestidad.

Es un signo que busca la perfección,
en todo lo que hace y en cada detalle,
y por eso es visto como obsesivo,
aunque también como un digno caballero.

Es Virgo, con su mente analítica,
y su espíritu crítico y culto,
un signo que siempre se esfuerza
en ser mejor como resultado.

Es un signo generoso y dispuesto,
en el que el amor a la familia está presente,
y también la preocupación por los demás,
algo que lo hace resplandecer en el ambiente.

Virgo es el signo del servicio,

y en eso encuentra su verdadera alegría,
ayudar a otros con mucho celo,
es su gran pasión día tras día.

Aunque a veces la perfección imaginada,
puede llevarlo a la desesperación,
y ser demasiado exigente consigo mismo,
pues siempre busca la rectitud sin más opción.

Pero cuando Virgo se dedica a una tarea,
es difícil que alguien lo supere en eficiencia,
porque su habilidad y su excelencia,
son únicas y siempre con persistencia.

Y es por eso que todos los demás,
valoran a Virgo por su esfuerzo y dedicación,
y siempre lo buscan como un apoyo seguro,
en sus momentos más difíciles de la acción.

Así es Virgo, el signo de la tierra,
y aunque sutil en su comportamiento,
en su interior es fuerte como un roble,
y siempre luchando con valentía y yerbo.

◇ ◇ ◇

9. Zodíaco: **Libra**

23/09 - 22/10

¡Hermosa Libra, tu energía es poderosa!
La balanza que tienes como símbolo
Es perfecta para mostrar justicia bondadosa
Y equilibrar la vida en todo hombro.

Tu presencia en el cosmos es una bendición
Tu sensibilidad y energía tierna

Es una dulzura que contagia pasión
Y te posiciona como verdadera reina.

Aliento fresco y suave es tu amor constante
Con el que muestras lo que es la armonía,
Virtud y equidad, como una simpatía agradable
Que inspira el buen camino y la valentía.

La estética, el arte, la cultura es tu preferencia
La música, la poesía y la pintura son tus amores
Tu gusto refinado tiene gran excelencia
Y entre tus habilidades está el crear colores.

Les das importancia a las relaciones interpersonales
A la amistad y a la lealtad que debe haber en la vida,
Tu sabiduría como consejera es imprescindible
Pues siempre estás dispuesta a ayudar y mostrar salida.

Tu mirada, siempre serena, es la representación
De la sabiduría que buscas y que posees
Gracias a tu conexión con el universo y la

meditación
Que practicas para elevar tu espíritu y proteges.

Tus valores albergan toda una verdad universal
Que abrazas con tus ideales y acciones
Con tu actitud y esfuerzo te conviertes en un caudal
De paz, amor y luz en todas las situaciones.

Libra, eres la balanza perfecta del cosmos,
Con tu amor y pasión por la vida,
Gracias por ser un ser tan valioso
Digna representante de la armonía y la sabiduría.

◇ ◇ ◇

10. Zodíaco: **Escorpio**

23/10 - 21/11

Escorpio, misterioso y poderoso
Tu signo esconde secretos y pasión
Tu intensidad es un mundo fabuloso
De profundos sentimientos y emoción.

Eres el guerrero del zodiaco
Con tu fuerza y tu astucia única
Nadie te supera en tu campo
Ni en tu capacidad simbólica.

Tu energía es de transformación
De cambio y de renacimiento

Te reinventas con determinación
Y te liberas de todo sufrimiento.

La pasión corre por tus venas
Como un fuego ardiente y constante
Te entregas con fuerza y avenencia
Y sorprendes con tu amor fascinante.

Eres el experto en el juego de la seducción
Nadie puede resistir tu magnetismo
Tu habilidad de mover corazones
Añade a tu leyenda un gran protagonismo.

Tu percepción es aguda y precisa
Detectando sentimientos ocultos en la gente
Tu intuición nunca te desliza
Y tu presencia inspira confianza permanente.

Aunque parezcas frío por fuera
Por dentro todo es profundo
Y si alguien llega a tu tierra
Tu amor eterno estará siempre fecundo.

Tus secretos son solo tuyos

Y nunca los revelas sin razón
Eres un mar de emociones y ruidos
Que solo para ti son la mejor opción.

Escorpio, eres un ser mágico
Con tu fuerza y tu poderosa pasión
Gracias por hacernos sentir acústico
Y por abrirnos la puerta a una nueva dimensión.

◇ ◇ ◇

11. Zodíaco: **Sagitario**

22/11 - 21/12

Sagitario, eres un espíritu libre
Que lucha por su verdad y su libertad
Tu fuego interior siempre nos lleva
A tu mundo de aventuras y felicidad.

Eres el explorador del zodiaco
Con tu mente abierta y tu corazón valiente
Nunca te detienes, siempre en acción
Persiguiendo tus sueños con ahínco ferviente.

Tu energía es de optimismo y entusiasmo
Siempre mirando hacia el futuro con ilusión

Tu alegría es contagiosa y maravillosa
Llenas de motivación y positividad el corazón.

Eres el sabio buscador de la verdad
Deseas conocer el mundo y abarcarlo todo
Tu mente abierta te lleva a la libertad
Y enriqueces tus ideas con todo lo que has
aportado.

Eres un protector de los ideales nobles
Luchando por la justicia y la igualdad
Tu espíritu lleno de amor te mueve
Y tus acciones dejan una huella imborrable.

En ti encontramos al amigo fiel
Alegre, cariñoso, libre y valiente
Siempre dispuesto a ayudar a quien necesite
Y dando lo mejor de ti en cada resplandeciente.

Sagitario, tú eres la flecha que vuela alto
Buscando la verdad y la libertad
Gracias por ser un ser tan valiente y sabio
Y por mostrarnos que cada día es una
oportunidad.

Con tu energía de fuego, todo es posible
Tu coraje y tu determinación son admirables
Tu espíritu inquieto es incansable
Y tu amor hacia la vida es incombustible.

Sigue adelante, Sagitario, sin mirar atrás
Tus aventuras siempre te llevan a un nuevo lugar
Eres un ser maravilloso e increíble
Que ilumina nuestros corazones con su resplandeciente mirar.

◇ ◇ ◇

12. Zodíaco: Capricornio

22/12 - 20/01

El astuto Capricornio
es un ser terrenal y sabio,
con paciencia y perseverancia,
escalando con cautela
las más altas cumbres de la vida.

Su mente fría y su juicio firme,
lo hacen un estratega nato,
capaz de planificar cada paso
con astucia y determinación.

Su esencia es noble y austera,

y pocos logran penetrar
la férrea coraza que protege
su lealtad, su honor y su verdad.

Entusiasta de la disciplina,
sabe que el éxito es un camino
que se construye con trabajo duro,
y así alcanza sus metas con empeño.

Es un maestro de la economía,
y siempre sabe cómo manejar
las finanzas con maestría,
para vivir con prudencia y seguridad.

Capricornio, la cabra solitaria,
es un signo de gran valía,
que nos enseña que el éxito
se logra a largo plazo, día a día.

En la vida, como en la montaña,
los obstáculos hay que sortear,
y con su temple y su coraje,
Capricornio siempre va a triunfar.

Así, este signo del zodiaco,
con su calma y su diplomacia,
nos enseña que lo importante
es tener metas claras y perseverancia.

◇ ◇ ◇

13.
Constelación: **Lyra**

En el firmamento, Lyra reluce,
una constelación muy hermosa y dulce,
con estrellas brillantes que nos invitan
a soñar y volar con la mente en libertad.

Lyra es un arpa cósmica que entrelaza
sus notas celestiales con la magia,
de los dioses antiguos que nos enseñaron
a ver la belleza en todo lo que existe.

En esa galaxia, la luz se expande
formando la melodía de una danza,
donde el sol es el director y las estrellas

los músicos que tocan con su intensidad.

La constelación de Lyra es un sonido
que se escucha en el viento y en la brisa,
que trae alivio y paz al corazón,
y nos hace creer en la eternidad.

Así que, en la noche oscura, mira al cielo
y busca a Lyra para encontrar el consuelo,
de saber que eres parte de una creación,
que hay un propósito para tu existencia.

Deja que la música llegue a tu alma,
y te envuelva en un abrazo celestial,
que te haga vibrar al unísono de todo,
y sientas la fuerza del amor y la unidad.

Lyra es una obra maestra del universo,
que nos recuerda que todo es posible,
si creemos en nosotros mismos y en la luz,
que nos guía hacia la eterna libertad.

◇ ◇ ◇

14. Constelación: **Cruz del Norte**

En la vastedad del cielo nocturno,
se puede apreciar un destello fino,
un asterismo de estrellas luminosas,
que conforman la Cruz del Norte, una cosa
asombrosa.

Posicionada en la noche del hemisferio norte,
brilla por su singular belleza y porte,
cuando la luz de la luna es tenue,

y la oscuridad se vuelve de gran influencia.

La formación de la Cruz del Norte,
lleva en su centro una brillante estrella,
que al ojo humano le parece cercana,
como si quisiera obtener su gracia.

La estrella más brillante de la constelación,
se llama Polaris, la guía y orientación,
para quienes transitan las rutas celestiales,
con su brillo firme y estable.

La Cruz del Norte es una reliquia,
de las antiguas civilizaciones,
que se guiaban por su posición,
para encontrar la salida y la solución.

Hoy en día, es un hogar,
para diversas historias y culturas,
que ven en su forma un mensaje divino,
una guía en los caminos terrestres y celestiales.

Así que, cuando despiertes la noche,
levanta la vista al cielo y observa,

la Cruz del Norte, que brilla como una joya,
que te recuerda la grandeza y la fuerza del
universo.

Pero recuerda que más allá de las estrellas,
hay una fuerza mayor y poderosa,
que nos guía en el camino de la vida,
que nos brinda amor y esperanza en cada salida.

La Cruz del Norte es un recordatorio,
de las maravillas que aún debemos descubrir,
y de la sabiduría que podemos adquirir,
en nuestro viaje hacia la eternidad celestial.

◇ ◇ ◇

15. Constelación: **Canis Major**

En el horizonte se asoma la constelación
Canis Major, de una bella presencia y emoción
Su nombre significa 'Perro Grande', con razón
Pues sus brillantes estrellas brillan como un can
en acción.

La estrella más famosa es el 'Perro Estrella',
Sirio
Que es una de las más brillantes en todo el

dominio
Su luz centellea con un fulgor enorme y
magnífico
Iluminando todo el cielo con un brillo muy
lírico.

Canis Major era visto como un perro de caza
Que seguía a Orión, su amo, allá donde se
desplazara
Este animal astuto y veloz era siempre su aliado
En las cacerías y aventuras, era siempre su
mejor lado.

Las estrellas brillantes de Canis Major
Guardan secretos de magia y amor
Con su brillo fascinante y lírico
Nos invitan a soñar con lo místico.

La constelación de Canis Major nos inspira
A ver el cielo nocturno como algo especial y
sublime
Para buscar y descubrir sus misterios y belleza,
Que nos muestran la grandeza y el poder de la

creación.

Así que, la próxima vez que mires al cielo arriba
Busca la constelación del Perro Grande, Canis
Major
Y siente la paz y la alegría de sus estrellas
brillantes
Que te llevarán a un viaje de sueños y galaxias
fascinantes.

◇ ◇ ◇

16. Constelación: **Casiopea**

Casiopea, diosa del cielo,
con tus estrellas brillantes y de oro,
eres la reina de las constelaciones,
y tu belleza siempre me enamora.

Tu figura en forma de W,
resalta tus curvas majestuosas,
y en cada punto luminoso,
se encuentra una historia asombrosa.

Dicen que fuiste castigada
por presumida y vanidosa,

y que en el cielo eternamente
estarías sentada, gloriosa.

Pero yo te veo con otros ojos,
admirando tu destello,
que me lleva a lugares mágicos
y a olvidar cualquier duelo.

Tus estrellas nos hablan
de leyendas y mitos antiguos,
y cada una de tus señas
es un mensaje que lleva consigo.

Casiopea, mi musa nocturna,
con tu luz iluminas mi mente,
y por siempre estarás en mi alma
como un recuerdo muy presente.

Así que cada vez que mire al cielo,
y vea tu figura resplandeciente,
me sentiré afortunado y agradecido
por poder contemplar tu gracia trascendente.

◇ ◇ ◇

17. Constelación: **Orión**

En el cielo nocturno, brillante y claro,
un cazador se alza, majestuoso y raro.
Con su arco y flechas, listo para cazar,
Orión, el valiente, nos hace soñar.

Sus estrellas, brillantes y relucientes,
forman un patrón que a todos sorprende.
Seis estrellas, en la forma de un guerrero,
Orión se muestra, como un gran aventurero.

La estrella más brillante, Betelgeuse,
roja y gigante, nos deja sin aliento.
Mientras que Rigel, azul y resplandeciente,
nos muestra su grandeza, sin tener que
esforzarse.

Las tres estrellas del cinturón de Orión,
nos llevan a un lugar, donde no hay confusión.
Almirante, Mintaka y Alnitak,
forman un trío, que nos hace soñar.

Las constelaciones, son como un libro,
que nos cuenta historias, sin necesidad de un
prólogo.
Orión, el cazador, nos muestra su poder,
en un cielo nocturno, imposible de entender.

Cuenta la leyenda, que Orión fue un gigante,
y aquellos que lo vieron, quedaron
impresionados al instante.
Lo que no sabían, era que estaban viendo un
mito,
y que esa figura podría ser en realidad, un

misterio infinito.

Pero sea como sea, Orión sigue presente,
con Betelgeuse y Rigel, su trío más valiente.
Juntos, forman un espectáculo celestial,
que nos deja sin palabras, como un sueño irreal.

Desde tiempos antiguos, la gente lo contempla,
admirando su figura, como una bella joya.
Un legado que nos dejaron nuestros ancestros,
con una magia que sigue, como un eterno
destello.

Orión, el cazador, es un rey en su trono,
en un cielo nocturno, que siempre está en
bonanza.
Nos llama, para que miremos y admiremos,
su grandiosidad, su fuerza, su grandeza.

Las constelaciones que están a su alrededor,
como Canis Mayor y Taurus, su noble cortejo.
Juntos, en el cielo nocturno, nos muestran,
cómo la magia y la belleza se funden y se unen.

Así, Orión sigue surcando el cielo,
mientras nosotros seguimos mirando al aire,
maravillados por su luminosidad y misterio,
por su gran belleza, por su poder y majestad.

◇ ◇ ◇

18.
Constelación:
Osa Menor

En el cielo nocturno, junto a las estrellas,
brilla una constelación, pequeña y bella.
Formada por siete estrellas, esta figura,
es conocida como Osa Menor, una figura pura.

Esta constelación, está compuesta de siete,
estrellas tan brillantes, que parecen flechitas.
Juntas forman una figura casi perfecta,
pero su historia, es algo que no se cierra.

Según cuenta la leyenda, esta constelación,
pertenecía a una reina de gran corazón.
Zeus, el gran Dios del Olimpo, decidió,
subirla al cielo, para siempre admirar su amor.

Las siete estrellas, fueron entonces unidas,
para que la reina pudiera estar más unida,
a su esposo, el gran rey, a quien añoraba tanto,
Y así estar siempre juntos, cada noche en el
manto.

De esta manera, Osa Menor nació,
con su brillo y su fuerza, siempre cerca del
amor.
Una constelación diminuta, pero llena de
significado,
reflejando los lazos, que el amor ha creado.

Gira lentamente en el cielo nocturno,
llamando la atención de todo el mundo.
Como una luz que nunca se apaga,
Osa Menor nos acompaña, noche tras noche, sin
traba.

A su alrededor, se encuentra Osa Mayor,
como un gran compañero, siempre con amor.
Juntos, forman un paisaje celestial,
que nos recuerdan, que el amor es inmortal.

Osa Menor, pequeña y luminosa,
nos muestra el camino, como una rosa.
En un cielo nocturno lleno de estrellas,
ella es la que nos llama más cerca.

En las noches oscuras, cuando el cielo está
nítido,
y la luz de la luna no hace ruido,
Osa Menor, nos muestra su brillantez,
y nos inspira con su delicadeza y finura.

Así, en el cielo nocturno, brilla su luz,
Osa Menor, la constelación que nos educa,
de que el amor, siempre será constante,
como este hermoso grupo de siete estrellas
brillantes.

POEMAS ZODIACALES

◇ ◇ ◇

19. Constelación: **Osa Mayor**

Bajo el oscuro velo del firmamento
Se alza la Osa Mayor con su esplendor,
Un manto de estrellas sobre su cuerpo
Que ilumina el cielo y brinda su amor.

Su forma cimbreante se dibuja
En las noches de paz y tranquilidad,
Y su resplandor siempre relumbra
En la bóveda celeste con verdad.

Cuenta la leyenda que esta constelación
Fue transformada en estrellas por Zeus,
Y que su forma representa la osa

Que crió a Zeus en la más tierna niñez.

Es por eso que hoy en día su imagen
Se refleja en todos los corazones,
Y la Osa Mayor nos sigue guiando
En nuestras rutas y en todas direcciones.

Cada estrella que forma esta constelación
Es un destello de magia y de misterio,
Y su brillo eterno es una inspiración
Que nos lleva hacia el futuro, sin temor.

De ella se desprende un halo luminoso
Que ilumina cada rincón del universo,
Y su presencia nos llena de esperanza
En las noches oscuras del universo.

Mira al cielo en la siguiente noche
Y observa cómo la Osa Mayor reluce,
La fuerza del cosmos que llena de alegría
El corazón de todos los que la han visto.

◇ ◇ ◇

20. Constelación: **Andrómeda**

En el vasto universo que nos rodea,
brilla Andrómeda con su resplandor,
una constelación que nos alegra,
con su belleza y su eterno esplendor.

Es un misterio que nos fascina,
esta obra maestra de la creación,
una leyenda de la mitología griega,
que nos habla del amor y la admiración.

La princesa Andrómeda fue salvada,
por Perseo, el héroe valiente y audaz,
que con su espada la rescató del peligro,
y venció al monstruo que la quería devorar.

Esta constelación nos recuerda,
que el amor es la fuerza que nos hace volar,
que con valentía y coraje,
podemos vencer al mal y alcanzar la libertad.

En la noche estrellada podemos verla,
con sus brazos extendidos hacia el mar,
brillando con su luz en todo su esplendor,
una estampa celestial que nos hace soñar.

Andrómeda es un regalo del universo,
un reflejo de la magia del amor,
una muestra de la grandeza divina,
que nos recuerda que todo es posible con
pasión.

La constelación de Andrómeda brilla,
en el cielo infinito y celestial,
un recordatorio de que en la vida,

siempre hay un camino que nos llevará al final.

Así que no perdamos nunca la esperanza,
ni dejemos que el miedo nos detenga,
pues como la princesa que fue salvada,
siempre hay un héroe que nos puede rescatar.

◇ ◇ ◇

21. Constelación: **Centaurus**

En el cosmos profundo, hay un ser de belleza,
que ilumina el cielo con su gracia y nobleza,
en la constelación del Centauro hay un mito,
que habla de un ser mágico con un cuerpo dividido.

Tiene cuerpo de caballo y torso de humano,
una criatura única que nos llena de asombro,
simboliza la sabiduría y el coraje,

que nos inspira a alcanzar el más alto vuelo.

La estrella Alpha Centauri es la más brillante,
nos recuerda que hay un camino en nuestra
delirante,
y aunque la estrella esté a más de cuatro años
luz,
nos llena de esperanza y de un eterno ardor.

Con su brillo centelleante nos invita a soñar,
mirar al cielo y pensar en un camino por
recorrer,
llevando en nuestro pecho el valor de
Centaurus,
que nos llevará a descubrir nuevos mundos en
el universo.

La constelación del Centauro es una invitación,
a recorrer una ruta de inmensa creación,
donde el poder de la mente es la energía,
para explorar lugares inciertos y llevarte a la
alegoría.

Así como el Centauro una vez enseñó a

prosperar,
nos invita a levantarnos y no dejar de avanzar,
a pesar de las dificultades y los obstáculos,
a seguir luchando y a nunca darnos por
vencidos.

Siempre hay un camino en el firmamento,
en la constelación del Centauro hay un gran
ejemplo,
de un ser mágico con una sabiduría única,
que nos lleva a descubrir un universo lleno de
mística.

◇ ◇ ◇

22. Constelación: **Ofiuco**

El cielo azul se ilumina en la noche
y las estrellas brillan con gran esplendor
cada una con su propia historia y derroche
y en medio de ellas, Ofiuco, el guardián del amor.

Con su figura de hombre y serpiente,
Ofiuco cuenta su leyenda ancestral
de cómo el veneno de la serpiente

le dio el don de sanar, un poder sin igual.

Y allí en el firmamento, Ofiuco brilla
aunque pocos lo conocen, lo ven
pues su lugar en el zodíaco no es sencillo
y algunos lo ignoran, sin saber lo que mantiene.

Pero en la oscuridad de la noche
Ofiuco resplandece con gran intensidad
guiando a los enamorados, indicando el camino
correcto
y sanando los corazones rotos, con su gran
bondad.

Las constelaciones lo observan fascinadas
y le brindan su apoyo, su amistad
pues saben que Ofiuco, con su magia innata
ha logrado sanar heridas sin igual.

Así es como Ofiuco se convirtió en la
constelación del amor
guiando a todos los que buscan encontrar
un camino lleno de luz, sin temor
y que esté rodeado de amor y felicidad.

¡Oh, Ofiuco! Cuanta maravilla encierra en ti
y cuánto esplendor en tu brillo hay
eres la luz que guía el camino del amor
y el guardián de la naturaleza, sin igual.

Cada noche, al contemplarte en el cielo
te siento, como un abrazo cálido y sincero
tan lleno de amor, de paz y consuelo,
que mi corazón siente el éxtasis más verdadero.

Gracias, Ofiuco, por ser la constelación del amor
y guiarnos siempre por el camino correcto
y gracias también por sanar el dolor
y brindarnos un futuro de amor perfecto.

◇ ◇ ◇

23. Constelación: **Cassiopeia**

En el cielo nocturno se alza Cassiopeia,
con su forma de W, como una reina celestial,
su belleza y su brillo son dignos de elogio,
una constelación que destaca en su inmensidad.

Cuentan los mitos que Cassiopeia era una reina vanidosa,
que proclamaba ser la mujer más hermosa del mundo,
y que debido a sus actitudes soberbias y

caprichosas,
la condenaron a vagar por los cielos, profundo.

Allí Cassiopeia brilla incandescente,
su forma en el cielo llama la atención,
es la reina orgullosa e imponente,
más bella que cualquier otra constelación.

Alrededor de ella se encuentran Pegaso,
Andrómeda y Perseo,
cada uno con su propia historia y trasfondo,
y juntos en el cielo nocturno, ofrecen un
espectáculo
sin igual, llenando de asombro a todo aquel que
lo contemple.

Cassiopeia es, sin lugar a dudas, una de las más
bellas,
una joya celestial que brilla con luz propia,
un espectáculo que maravilla a los amantes de
las estrellas,
y un regalo del universo que invita a la
contemplación.

Y así en esa bella constelación,
una reina a su manera se alza,
con su forma en el cielo que es toda una
sensación,
y que a las noches de mirar las estrellas
ameniza.

Cassiopeia, en su belleza y perfección,
nos recuerda que en la vida hay que ser
valientes,
hay que hacer frente a nuestros miedos y
temores,
y siempre mirar hacia adelante con la cabeza en
la estrellas.

Porque en Cassiopeia, en su resplandor,
hay una lección que aprender,
para ser como una estrella brillar,
en todo momento y sin temor a perder.

Que la hermosa Cassiopeia, nunca deje de
brillar,
en las noches estrelladas su belleza perdure,

y que en el cielo se siga contemplando ese W singular,

que nos recuerda que en la vida, la belleza siempre perdura.

◇ ◇ ◇

24. Constelación: **Cefeo**

Entre las estrellas que brillan en la noche,
se encuentra la constelación de Cefeo,
que muestra su grandeza en su alto derroche,
y en el cielo deja un mensaje solemne y serio.

Con estrellas brillantes que forman su figura,
Cefeo nos muestra su fortaleza y poder,
y en su constelación nos inspira a la aventura,
a buscar lo imposible y a nunca ceder.

En el árbol de la vida, Cefeo es la raíz,
que nos conecta con lo más profundo del ser,

nos invita a descubrir la verdad que nos rige,
y a encontrar nuestro destino sin temer.

Con su palo en la mano, Cefeo nos llama,
a encontrar el camino que nos lleve al éxito,
y en su constelación se muestra en su fama,
como el guía sabio que nos lleva al efecto.

De una estrella a otra, Cefeo nos conduce,
a través de un camino lleno de encanto,
nos muestra la luz y la grandeza que produce,
y nos lleva al conocimiento que está a su manto.

Así, en el cielo profundo, Cefeo brilla,
como la constelación de la fuerza y el equilibrio,
que nos enseña que la vida es toda una
maravilla,
que debemos valorar y vivir con delirio.

Que su mensaje nos guíe en nuestra existencia,
a ser valientes y a alcanzar nuestras metas,
que Cefeo sea nuestra referencia,
y en su constelación, nuestra alma repletas.

POEMAS ZODIACALES

◇ ◇ ◇

25. Constelación: **Cetus**

En la noche estrellada, donde todo es oscuridad,
hay un viajero especial que se adentra sin finalidad,
él es un enorme monstruo, es Cetus, la gran ballena,
que nos lleva por un sendero de aventuras y problemáticas.

Con su cuerpo cubierto de estrellas brillantes,
Cetus nos muestra su increíble inmensidad,

en su constelación declara que hay miles de mundos
en los que la vida existe y prospera en toda complejidad.

La ballena celeste, con su enorme cuerpo y suaves movimientos,
nos lleva en su travesía, a explorar nuevas fronteras,
a buscar nuevos horizontes y nuevas oportunidades,
y nos muestra que la existencia es una gran carrera.

Cetus es una leyenda, que nos invita a soñar,
y a imaginar un universo más allá de lo que vemos,
con sus destellos nos muestra un camino en el que avanzar,
y en su constelación nos regala un momento de vértigo.

Con su ancha boca, devora la luz y las sombras,

y con su respiración produce los vientos celestiales,
en su constelación nos hace reflexionar sobre la vida,
y nos invita a dar lo mejor en nuestros actos finales.

Nos muestra que la existencia es un regalo,
y que cada momento merece ser valorado,
y en su brillo eterno, nos invita a dejar una huella,
que dure para siempre y nos deje un legado.

Así, en su constelación, Cetus nos guía,
por un camino lleno de descubrimientos y retos,
nos muestra que la vida es una gran alegría,
y que hay que disfrutarla con amor y con afectos.

◇ ◇ ◇

26. Constelación: **Cygnus**

En el cielo nocturno, donde las estrellas brillan,
se alza una constelación que en nuestra mente germina.
Con sus alas extendidas y su gran porte majestuoso,
Cygnus aparece como el mensajero más grandioso.

Con estrellas brillantes que forman su figura,
Cygnus nos muestra su belleza con gran elegancia y altura,
y en su constelación, nos inspira a volar y a

explorar,
a buscar nuevos caminos y nunca dejar de soñar.

Con sus estrellas brillando como guías en el oscuro cielo,
Cygnus nos invita a seguir su camino y volar lejos como él,
en su constelación nos muestra la importancia de soñar y de crecer,
de nunca dejarnos vencer y darnos sin miedo a la imaginación y el poder.

El cisne, con su voz armoniosa y suave canción,
nos llama a seguir adelante, a romper la inercia y la opresión,
y con su canto celestial nos lleva a las alturas más altas,
donde los sueños son realidad y la determinación nos hace fuertes y valientes.

En su esplendor, Cygnus brilla como la luz del alba,

mostrándonos la ruta y guiándonos en el camino,
mostrándonos que en la vida, no hay destino definido,
y que todo es posible si lo que hacemos es visualizarlo y luchar con ahínco.

Con su plumaje en vuelo, Cygnus nos muestra la libertad,
que es posible superar los obstáculos y abrazar la felicidad,
y en su constelación, nos enseña que la vida es un viaje,
un camino de descubrimiento, de aprendizaje y de coraje.

Así, en el cielo de la noche, Cygnus está presente,
mostrándonos su belleza y dejando su mensaje y su mente,
que nos hace reflexionar sobre nuestra propia existencia,
y nos invita a vivir con pasión y a hacer nuestra

propia sentencia.

◇ ◇ ◇

27. Constelación: **Draco**

Hay una constelación que vuela en el cielo
con su forma sinuosa se aviva el anhelo
es Draco, el dragón, que lucha con coraje
en la bóveda celeste, siempre presente, sin
tregua ni paraje

Su cola larga y rizada es su marca indeleble
mientras sus ojos centellean, como estrellas
incontenibles
su aliento de fuego no da tregua, imparte su
justicia
nos recuerda que en el cielo también hay
justicia

Draco es valiente, impetuoso y fuerte
volando en el infinito, su llama no se rinde,
inerte
es la constelación que hace temblar el universo
mientras su estela sigue su camino, sin ningún
reverso

Su figura destaca entre tantas otras estrellas
y su mitología nos deja boquiabiertos
Draco está presente en todas partes, siempre
cautivando
y sigue ahí, vigilante, siempre defendiendo, sin
descansar

Mientras sus dorados ojos centellean en la

oscuridad
y su cola se extiende en el firmamento sin igual
Draco sigue siendo un símbolo de fuerza y
coraje
y sigue representando la lucha contra el mal.

◇ ◇ ◇

28. Constelación: **Hidra**

En el cielo nocturno, Hidra asoma su cabeza,
una bestia mitológica, cobijada por la belleza,
su cola es una constelación de estrellas en el espacio,
destellando en la inmensidad, mostrándonos su poder y gracia.

Sus muchas cabezas danzan entre las estrellas,
contando historias de tiempos antiguos y

guerras sin tregua,
una constelación majestuosa, evocando una leyenda,
que enciende el corazón y llena el alma de emoción sin medida.

Las serpientes que forman su cuerpo son una maravilla,
brillantes en la oscuridad, mostrándonos su magia y su habilidad,
escalando por el cielo como si de agua se tratase,
una criatura acuática que en el firmamento se hace presente.

Hidra reina en el cielo, una de las más bellas constelaciones,
un pasado que nos recuerda que hubo tiempos mejores y batallas heroicas,
Su forma se acurruca en la bóveda de la noche,
enseñándonos la grandeza de todo lo que nos rodea, sin derroches.

La luz de las estrellas resplandece en su cuerpo etéreo,
iluminando todo lo que está a su paso, como un canto del eterno,
en su belleza, seguimos mirando hacia el cielo,
admirando la belleza que nos ofrece Hidra, y su inmenso celo.

Es una constelación que se desplaza con orgullo,
dando un espectáculo que trasciende el tiempo y lo intrincado,
una criatura que sobresale en el firmamento,
una prueba palpable de que el universo está vivo y luchando.

Hidra, una creación del cosmos que nos enseña
la importancia de la fuerza, la resistencia y la perseverancia,
un recordatorio constante de que la belleza
puede surgir en cualquier lugar,
incluso en la oscuridad, en el inmenso espacio sideral.

29. Constelación: **Eridanus**

En el cielo, entre las estrellas brillantes
hay una constelación que evoca cantares
impresionantes
Eridanus es su nombre, río celestial que fluye
en la bóveda del cielo, mostrando su belleza en
la noche fría.

Es un río de luz, de estrellas rutilantes y
claridad,

que viaja por el firmamento, sin cesar, sin parar
su majestad,
descendiendo desde el horizonte hasta justo
donde el sol se esconde,
en un espectáculo que parece ser solo para
aquellos que lo encontraron.

En sus orillas, la constelación muestra figuras
que deslumbran,
como pescados y leones, que en las estrellas se
dibujan,
cantos de sirenas se escuchan, evocando el
misticismo espiritual
de un río de estrellas y constelación que en la
noche es excepcional.

El agua celestial fluye en cascada, su camino
nunca se detiene,
creando un camino de luz que en el espacio
siempre interviene,
una imagen de grandiosidad que el universo
despliega,
al lado de otras constelaciones que, al igual,

siempre la rodean.

Y es que Eridanus, es un túnel de luz, un canal de estrellas,
que ha sido la fuente de muchas leyendas de la antigüedad,
en el cielo ha sido su hogar, una señal de misterios y maravillas,
más allá de nuestra comprensión, mostrando la eternidad en su plenitud.

En el cielo, Eridanus, con su brillo resplandeciente
sigue su camino incesante, sin dar tregua ni retroceder,
una constelación emocionante, que muestra la belleza del cosmos presente,
la estrella celestial que nos hace volver a mirar hacia arriba otra vez.

Mientras nos quedamos encantados por las maravillas que florecen,
en el firmamento, en la gran expansión de luz

sin fin,
Eridanus sigue fluyendo en un viaje que no tiene fin,
mostrándonos el camino de la resplandeciente constelación sin par.

◇ ◇ ◇

30. Constelación: **Lepus**

En el firmamento, hay una constelación que brilla
mostrándonos la grandeza de las maravillas
se llama Lepus, el conejo astral que corre
en la bóveda celeste, con su belleza que nos sorprende y atorre.

Su figura es un conejo, veloz y astuto
cabalgando por el espacio, sin seguir un rumbo absoluto

con su velocidad, su creatividad y su coraje
Lepus es una constelación que nos invita a
soñar con viajes.

Entre las estrellas luce con su brillo singular
una criatura que llena el cielo de vitalidad y paz
es un ser celestial, que siempre despierta
admiración
una señal de que los sueños pueden llegar a la
realidad, sin cejar jamás.

Lepus es una constelación que nos muestra la
espontaneidad
y el deseo de avanzar, de crear, de seguir, de
buscar la felicidad.
Su imagen nos conmueve, y de ella sacamos
inspiración
para seguir adelante, sin abandonar nuestros
sueños, guiando nuestra visión.

Y aunque parezca pequeño, un conejito en el
espacio sideral,
es una señal de que debemos perseguir nuestra

propia misión celestial,
como el Lepus en la bóveda luminosa del
universo,
hay que correr, sin detenerse, sin miedo,
siguiendo nuestro rumbo intrínseco.

Así que abre los ojos y levanta la mirada hacia el
cielo
y admira a Lepus, el conejo veloz que nos invita
al anhelo,
un astrolabio celestial que nos recuerda la
vitalidad,
y la necesidad de perseguir nuestros sueños con
tenacidad y tenacidad.

Porque Lepus nos inspira, nos lleva a lugares
desconocidos
nos muestra que debemos ser libres, tenaces,
audaces, nunca vencidos,
porque en la bóveda que nos envuelve, el
cosmos nos invita a volar,
y Lepus, el conejo estelar, nos muestra el
camino para avanzar.

31. Constelación: **Perseo**

En el oscuro firmamento,
brilla una constelación,
es el héroe Perseo,
de gloriosa reputación.

Percibimos su silueta,
con estrellas radiantes,
un cinturón y una espada,
que lo vuelven impresionante.

En la Noche Estrellada,
se representa su mito,
como el que venció a Medusa,
con su astucia y su armito.

Cuenta la leyenda antigua,
que Acrisio, su abuelo,
escuchó el oráculo,
que le vaticinó el duelo.

Su madre, Dánae, embarazada,
fue encerrada en una Torre,
para evitar la profecía,
que trajo la muerte y el dolor.

Sin embargo, el joven Perseo,
se valió de la astucia,
y se libró del monstruo inmortal,
que el terror propiciaba.

Los Gigantes de Cefeo,
también le temían,
y la mítica ballena,
en su furia lo perseguía.

Perseo, tajante y veloz,
supo vencer la adversidad,
y liberó a la bella Andrómeda,
de un destino fatal y cruel.

Hoy su historia es un símbolo,
de valentía y sacrificio,
y su estela en la bóveda celeste,
brilla como un tributo y un hito.

En el manto de la noche,
se nos muestra su grandeza,
y en cada estrella que lo forma,
resplandece su pureza.

Así es como Perseo,
brilla eternamente alto,
y sigue siendo ejemplo,
de lo mejor que hay en el mundo y en todo.

◇ ◇ ◇

32. Constelación: **Sagitta**

En el cielo nocturno y profundo,
en una región escondida,
brilla la constelación de Sagitta,
con luz propia y colorida.

Es una flecha dorada,
con un sinfín de destellos,
que iluminan la bóveda celeste,
y llenan el universo de reflejos.

Aunque pequeña y sutil,

su presencia es destacada,
y su simbolismo es poderoso,
como una flecha sagrada.

Cuenta la memoria de los astros,
que Sagitta era el arma favorita,
de la diosa Artemisa,
en su caza y su lucha infinita.

Como una señal en el cielo,
Sagitta nos muestra el camino,
compartiendo su arco y su flecha,
en un gesto de amor y destino.

También se cuenta que Hércules,
utilizó esta flecha con gran destreza,
cuando logró vencer al voraz águila,
que devoraba al rey de la naturaleza.

Por eso Sagitta es un símbolo,
de fuerza, valentía y honor,
y en su luz magnífica y única,
encontramos pureza y amor.

Los antiguos la relacionaban,
con el signo de Sagitario,
y en su sabiduría intuitiva,
hallaban un mensaje y un oratorio.

Hoy, Sagitta sigue brillando,
como un faro en la oscuridad,
y su flecha llena de esperanza,
nos guía en nuestro caminar.

Así, en el cielo y en la tierra,
Sagitta se hace presente,
y su luz nos recuerda siempre,
que podemos ser libres y valientes.

◇ ◇ ◇

33. Constelación: **Corvus**

En la bóveda celeste,
en el firmamento estrellado,
brilla una constelación,
que destaca por su plumaje dorado.

Es el hermoso Corvus,
que con su figura recuerda,
al ave sagrada del Sol,
que en la mitología se venera.

Con sus preciosas alas desplegadas,

y su canto lúdico y sonoro,
Corvus es un símbolo de la vida,
y de la liberación de todo el dolor.

Según las antiguas historias,
Corvus era un pájaro amado,
que acudía a los Dioses del Olimpo,
y para ellos canciones de amor cantaba.

Sin embargo, un día de confusión,
Zeus lo culpó injustamente,
y en su ciega furia divina,
lo convirtió en un cuervo penitente.

Hoy, en el manto estrellado,
Corvus aparece como un guiño,
a su antigua leyenda dorada,
que el mundo ha dejado de tocar.

En su presencia inmortal y eterna,
en su canto mágico y profundo,
Corvus nos muestra que nunca debemos dejar,
que la oscuridad nos hunda en lo profundo.

Puede que su plumaje luzca oscuro,
y sus cantos puedan pasar desapercibidos,
pero en su amor y su fuerza divina,
pueden encontrarse todos los sentidos.

Así, cada vez que miremos al cielo,
y nos topemos con su presencia,
sintamos que Corvus nos deja un mensaje,
que nos anima y nos invita a la existencia.

Ya que en su canto y su plumaje,
encontramos un espíritu libre,
que nos muestra con su vuelo,
que siempre debemos seguir adelante, sin decir
nunca "ya no puedo".

◇ ◇ ◇

34. Constelación: **Bootes**

Bootes es el guardián del Norte,
de la estrella Arcturus es dueño,
luminoso y majestuoso,
un gigante celeste tan bueno.

Bajo el cielo estrellado destaca,
Bootes, el poderoso cazador,
observando de cerca la noche,
persiguiendo su presa con honor.

En su mano una vara lleva,

señalando a la Osa Mayor,
guiando a los navegantes en su viaje,
hacia la estabilidad y el amor.

Majestuoso y bello en su forma,
un gigante celeste brillante
Bootes es la muestra de pureza,
un héroe que irradia luz constante.

Emisario de las constelaciones,
su presencia ilumina la noche,
ofreciendo al mundo esperanza,
de una vida llena de derroche.

Bajo el firmamento nocturno,
Bootes observa con atención,
cuidando de las estrellas del Norte,
coleccionando sueños con pasión.

En su constelación tan majestuosa,
las estrellas forman su cuerpo y su rostro,
y el brillo de su estrella brillante,
se alza como un faro en lo más alto.

Mientras observamos su belleza,
Bootes nos invita a soñar,
a vivir una vida plena,
y en los cielos nuestra felicidad encontrar.

Bootes es el guardián de la esperanza,
el protector de la luz y del amor,
un héroe celeste que brilla en la noche,
guiando nuestros pasos hacia el mejor futuro.

◇ ◇ ◇

35. Constelación: **Auriga**

En el cielo nocturno se alza,
Auriga, el cochero nómada,
con su carro de estrellas brillantes,
en el firmamento se presenta.

Con el cuerno de la abundancia,
en su mano derecha lo sostiene,
guiando a las estrellas a través del cielo,
con su carisma y su sabiduría inquebrantable.

La estrella más brillante en su cuerpo,

Capella es su nombre en las alturas,
una joya luminosa en el firmamento,
que atrapa todas las miradas puras.

Con su carro en el cielo nocturno,
Auriga cabalga en la noche,
guiando el camino estelar,
con el regalo de su gracia y su coraje.

Parecido a un gigante con forma humana,
con su estrella brillante en la mano,
Auriga es un guerrero celestial,
que cabalga hacia el horizonte cercano.

En su constelación majestuosa,
Auriga brilla como una joya celestial,
con las riendas en sus manos,
guiando la luz y la oscuridad sin temblar.

Su presencia en las constelaciones,
inspira en nosotros esperanza y coraje,
para seguir adelante por el camino estelar,
guiados por su imponente mensaje.

Así, en el firmamento nocturno,
Auriga y su estrella brillante,
nos invitan a buscar el camino correcto,
y a luchar por nuestros sueños más
importantes.

Un viajero cósmico entre nosotros,
Auriga nos guía en el universo,
con la luz que irradia de su cuerpo,
y su presencia poderosa y fuerte.

◇ ◇ ◇

36. Constelación: **Cráter**

Cráter, oh constelación tan pequeña,
no dejes que tu pequeñez te engañe,
eres portadora de una gran belleza,
una estrella única que resplandece.

Tus estrellas forman una copa,
como el cáliz en una iglesia,
sólo que es una copa celestial,
que simboliza el amor y la riqueza.

En el firmamento nocturno brillas,

en medio de estrellas más famosas,
pero tu humilde presencia nunca muere,
porque en la constelación siempre estás
presente.

A menudo se dice que el tamaño importa,
pero tú eres un ejemplo contrario,
porque no importa lo pequeña que seas,
tu belleza y significado son extraordinarios.

Tu presencia en el cielo es asombrosa,
y aunque otros no lo vean,
Cráter inspira a muchos a soñar,
y a perseguir sus metas con pasión.

Tu presencia en el firmamento nocturno,
es un recordatorio de que en la vida,
no es necesaria una gran apariencia,
para tener un gran impacto en el mundo.

Así que Cráter, continúa resplandeciendo,
guía a aquellos que buscan la verdad,
y continúa siendo esa pequeña pero grande
Estrella,

que sobre el mundo celestial siempre brillará.

Aunque seas un pequeño punto en el cielo,
tu brillo es un ejemplo de que las cosas más grandes,
a veces vienen en pequeños paquetes,
con un poder y significado que no se pueden ignorar.

◇ ◇ ◇

37. Constelación: **Ophiuchus**

Ophiuchus, oh constelación misteriosa,
en el cielo nocturno te muestras orgullosa,
con un cuerpo humano, un ser celestial,
un guardián de las estrellas sin igual.

En medio del camino del Sol,
Ophiuchus brilla con gran honor,
un ser tan sabio, un guía de la verdad,
que en la noche estrellada quiere enseñar.

Con su bastón en la mano derecha,

apunta al cielo, a la Vía Láctea que lo muestra,
señalando las estrellas, guiando a los demás,
una luz en la oscuridad que siempre estará.

Una serpiente enrollada a sus piernas,
simboliza la medicina y la sanación eternas,
las energías que fluyen por sus venas,
el equilibrio y la armonía que siempre lleva.

Ophiuchus nos enseña sobre la vida,
la muerte y el renacer en una nueva partida,
un ser celeste que nos ilumina,
que quiere que entendamos la divina.

El portador de la serpiente,
un sanador de corazones y mentes,
guiando a las estrellas en su camino,
mostrándonos el poder de nuestro destino.

Así es Ophiuchus, un ser celestial,
un guardián de las estrellas sin igual,
una constelación llena de luz y verdad,
una lección en el cielo para cada uno de
nosotros en la humanidad.

Nos guía para encontrar nuestro equilibrio,
para sanar nuestras heridas con su poder y su sabiduría,
encontrando la armonía con las estrellas del firmamento,
a través de Ophiuchus, el guardián eterno.

◇ ◇ ◇

38. Constelación: **Triangulum**

Triangulum, oh constelación triangular,
en el cielo nocturno te muestras sin par,
un pequeño triángulo que resplandece,
con las estrellas como sus peldaños crecen.

A menudo se dice que el tamaño no importa,
y Triangulum demuestra esto en su sortija,
con un cuerpo humilde pero majestuoso,
un tesoro celestial sin igual y ostentoso.

Cada uno de los vértices de su triángulo,

brilla con energía y con entusiasmo,
formando un círculo sagrado en el cielo,
un triángulo perfecto que nos da consuelo.

Triangulum ofrece una lección divina,
que el poder no se mide por la altura o la valía,
sino por el impacto que tiene en el mundo,
y Triangulum brilla con fuerza en todo segundo.

Es una constelación modesta pero poderosa,
que nos enseña que el éxito no es cuestión de lo
grande y costosa,
sino en cómo iluminas y guías a los demás,
un camino celestial que siempre se debe tomar.

Cada uno de los ángulos de Triangulum,
nos recuerda que el equilibrio es importante,
para encontrar la armonía en nuestras vidas,
y alcanzar un estado de paz siempre latente.

Aunque pequeña, Triangulum brilla con luz
propia,
guiándonos hacia la verdad y la sabiduría,
un constante recordatorio de que el tamaño no

importa,
sino lo que hacemos con nuestro poder y
consigna.

Así que Triangulum, continúa brillando,
inspirando a los demás y enseñando,
que la grandeza no está en la altura,
sino en tu capacidad de brillar con luz pura.

◇ ◇ ◇

39. Constelación: **Pegaso**

En el firmamento de estrellas brillantes,
se distingue una figura sin precedentes,
es Pegaso, el caballo alado divino,
protector de los cielos, su guía y su camino.

Con su cuerpo blanco como la nieve,
surca el cielo en galope perenne,
sus alas ligeras lo llevan al infinito,
con la fuerza del viento y su precioso brillo.

Su constelación es hermosa a la vista,
como una pintura hecha por un artista,
sus estrellas forman un triángulo perfecto,
que resplandece en el cielo sin defecto.

Pegaso, el infalible corcel de los dioses,
hace brillar el firmamento de estrellas varias,
y en su andar veloz es todo un prodigio,
como un ser celeste que flota en el espacio
etéreo.

Su historia habla de su origen sagrado,
de cómo fue creado por el dios Poseidón,
para cumplir misiones de gran envergadura,
y ser el aliado de los dioses en su aventura.

Se cuenta que en una noche estival,
el colosal corcel fue liberado al final,
y en su recorrido por el inmenso cielo,
dejó una estela de estrellas en su vuelo.

Desde entonces su presencia es dominante,
su belleza y fuerza son indiscutibles,
impactantes,

y Pegaso, el caballo alado divino,
sigue guiando a los hombres en su camino.

Así, en el firmamento estelar y azulado,
se aprecia su figura en lo alto y elevado,
como una luz de inspiración, un mágico lecho,
que guía y acompaña a todo ser viviente en su
trayecto.

◇ ◇ ◇

40. Constelación: **Argo Navis**

En el cielo nocturno, una constelación
brilla con fuerza y determinación,
es Argo Navis, la nave legendaria
que surcó los mares con valentía.

Con sus cuatro naves unidas en una,
era la más grande y poderosa fortuna,
con astucia y fuerza, navegó el mar
y sus hazañas fueron épicas, sin par.

Sus estrellas brillan en el firmamento,

formando un patrón de encanto y lamento,
Artemisa ordenó crearla en la antigüedad,
para honrar la nave y su lealtad.

Con su quilla fuerte y velas al viento,
Argo Navis cruzó el ancho océano,
en busca del vellocino dorado,
un tesoro muy preciado y consagrado.

Sus velas de un intenso color celeste,
reflejan la luz de las estrellas con destreza,
y en la noche oscura, su brillo es inmenso,
galardonado por el dios de la grandeza.

Esta nave lejana es un símbolo de valor,
de destreza y empeño, sin temor,
y su constelación es un regalo del cielo,
para recordarnos su historia y su anhelo.

La tripulación de la nave Argo Navis,
eran hombres valerosos y sumamente audaces,
capaces de soportar el bramido del viento,
en pos de su objetivo, su tesoro y sustento.

Sus nombres han pasado a la leyenda,
su legado permanece en la historia sin
enmienda,
y hoy en día, su constelación brilla en lo alto,
como un recuerdo de su valentía en el asalto.

Argo Navis es la nave que navegó el mar,
y se dirige hacia nosotros en el aire sin par,
su constelación nos guía en la noche estrellada,
y su leyenda continúa viva en la mirada.

◇ ◇ ◇

41. Constelación: **Ara**

En el firmamento brillante y estrellado
hay una constelación con un encanto sagrado,
es Ara, el altar que se eleva en el espacio,
un símbolo divino que nos brinda su abrazo.

Las estrellas forman un patrón perfecto,
una imagen que cautiva y nos deja
boquiabiertos,
como un monumento celestial de armonía,
que nos transporta a un mundo de sabiduría.

Ara es un altar de observación y estudios,
un lugar sagrado donde los dioses hacen sus rituales,
su historia es mítica y siempre cautivante,
una constelación que nos llena de magia y encanto.

Fue el dios Apolo, cuando reinaba en Olimpo,
quien ordenó a Hefesto crear esta obra de arte,
de esta forma, Ara surgió en el cielo lácteo,
un altar que a través de la historia nos sorprende.

Las llamas del altar se levantan hacia el cielo,
nos recuerdan la conexión con lo divino, con lo etéreo,
y Ara, el altar, se convierte en un símbolo celeste,
que guarda los secretos del universo en su gesto.

Sus estrellas son maravillosas, en su brillo singular,

crean una ilusión de luz que nos hace admirar,
y Ara, el altar, nos invita a reflexionar,
sobre los misterios que se esconden en el más
allá.

En el firmamento, Ara es una pincelada
celestial,
una constelación de arte y naturalidad,
sus estrellas forman un patrón que nos llena de
emoción,
una obra maestra de la creación.

Así que la próxima vez que mires el cielo
nocturno,
a lo alto, a la distancia, con asombro y con
orgullo,
recuerda que Ara, el altar celeste,
te observa y te enseña el camino para siempre.

◇ ◇ ◇

42.
Constelación: **Corona Australis**

En el vasto universo, hay una constelación
que brilla con misterio y con especial emoción,
es Corona Australis, la Corona del Sur,
que llena el cielo nocturno sin cesar.

Con estrellas que se amontonan en el espacio,
formando una corona celestial sin menosprecio,
su brillo es de gran belleza y serenidad,
como un regalo de la naturaleza en su vanidad.

Corona Australis es una constelación de luz,

que nos inspira a soñar y a contemplar sin laus,
y sus estrellas que la conforman,
nos muestran la belleza de lo inquebrantable.

Con una imagen como de una corona
sobresaliente,
Corona Australis inspira a la mente a surcar el
firmamento,
porque es un símbolo celestial de perfección,
una constelación única, una obra de arte sin
omisión.

El gran griego, Ptolomeo, fue quien la
identificó,
y hoy en día, sigue siendo un símbolo de
supervivencia y vigor,
una constelación que nos llena de esperanza,
y nos enseña que, con fe, todo se alcanza.

Sus estrellas son brillantes y gigantes,
formando un patrón de belleza sin iguales,
son una lección celestial que nos habla de la
majestuosidad,

de la corona del sur, de la realeza sin
defectividad.

Así que cada noche, cuando mires al cielo,
no pases por alto a Corona Australis, el bello,
admira su esplendor y su majestuosidad,
y deja que su brillo te llene de felicidad.

Porque en el firmamento, Corona Australis
brilla,
como una promesa celestial que nos guía, que
nos tranquiliza,
una constelación que en silencio nos habla,
de todo lo maravilloso que nos espera en su ala.

◇ ◇ ◇

43. Constelación: **Corona Borealis**

En el cielo nocturno, entre las estrellas,
hay una constelación que brilla con certeza,
Corona Borealis, la Corona del Norte,
que llena el firmamento de gran soporte.

Con estrellas brillantes de un color muy
intenso,
formando una corona celestial de gran suceso,
su brillo es de gran belleza y serenidad,
como un regalo del universo sin vanidad.

La Corona del Norte es una constelación
majestuosa,
que inspira a la mente a gozar de lo hermosa,
y sus estrellas brillantes que la conforman,
nos muestran la belleza de lo celestial sin
condena.

Con una imagen de una corona en lo alto,
Corona Borealis nos envuelve celestial sin alto,
porque es un símbolo divino de elegancia y
majestad,
una constelación que nos llena de emoción y
autenticidad.

Con sus estrellas de gran brillo y magnificencia,
Corona Borealis nos llena de esperanza y
fortaleza,
una constelación que nos habla del poder de la
realeza,
que nos inspira a soñar y a creer en la grandeza.

Así que cada noche, cuando mires al cielo,
no olvides de Corona Borealis, el bello,

admira su magnitud y su elegancia universal,
y deja que su brillo te llene de tranquilidad sin
mal.

Porque en el firmamento, Corona Borealis
brilla,
como una promesa celestial que nos inspira,
que nos guía,
una constelación que en silencio nos habla,
de todo lo maravilloso que nos aguarda sin
trabas.

Por ello, en la inmensidad del universo infinito,
Corona Borealis es un símbolo de belleza y
encanto,
una imagen que nos recuerda la grandeza de lo
celestial,
y la majestuosidad de las coronas divinas sin
igual.

◇ ◇ ◇

Acerca del autor

OLAF SERRA

Olaf, nombre de origen escandinavo, cuyo significado es "la herencia de los antepasados".

Sin duda la mirada al pasado es una buena medicina para afrontar el presente y mejorar nuestro futuro.

Escritor reflexivo, apasionado de la dispersión controlada, de las voluntades ocultas, de las realidades desconocidas.

Descriptor de universos que pudiendo parecer lejanos, pueden ser más cercanos de lo que creemos.

Contactar:

https://www.olafserra.com